KB188008

When we create machines with imagination and empathy,

can our humanity grow?

상상하고 공감하는 기계를 만들면 우리 인류가 성장할 수 있을까?

– 영화 「Her」 중에서, 2014, 미국

엘리자베스 트위치

1판 1쇄 발행 2024년 5월 23일

지은이 보인중학교 학생 작가들
엮은이 김현열

교정 주현강   **편집** 김해진   **마케팅·지원** 김혜지

펴낸곳 (주)하움출판사   **펴낸이** 문현광

이메일 haum1000@naver.com   **홈페이지** haum.kr
블로그 blog.naver.com/haum1000   **인스타** @haum1007

ISBN   979-11-6440-510-7 (03700)
책의 판매를 통한 수익은 봉사단체에 전액 기부됩니다.

좋은 책을 만들겠습니다.
하움출판사는 독자 여러분의 의견에 항상 귀 기울이고 있습니다.
파본은 구입처에서 교환해 드립니다.

반가워

Midjourney 한 소년과 한 AI 휴머노이드 로봇의 정면 모습, 나란히 옆에 서서 손잡음, in black and white, 일본식 미니멀리즘, 반갑고 즐거운 표정과 분위기, 친구 같은, 아동 도서 삽화, 느슨한 선 작업, 둥글게, 흰색과 검은색, A 컬러 사진

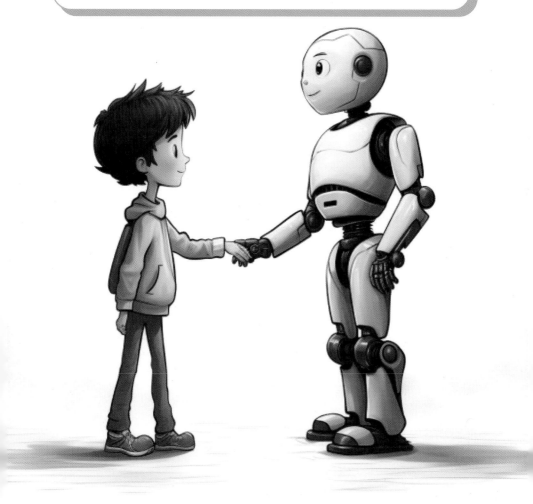

차례

이 책은 보인중학교 1학년 학생들이 국어 수업시간에 생성형 AI를 활용하여 창작한 영화 줄거리와 이미지를 엮어낸 것입니다. ChatGPT에서 아이디어를 얻고, 그것에 아이들의 상상력을 입혀서 줄거리를 완성하고, Midjourney로 내용에 어울리는 스틸 컷을 만들었습니다. 영상 미디어에 친숙한 아이들을 보면서 문득 생각이 들었습니다. 중학교 1학년 남자 아이들이 상상하는 영화는 어떤 모습일까? 글로 표현해 낼 수 있을까? 아무래도 1학년은 너무 어리잖아. 그렇다면 AI의 도움을 받아 보면 어떨까? 생성형 AI의 열풍을 보면서 수업에서 아이들과 함께 해 보면 재밌겠다고 생각했습니다.

교단에 서서 종이를 나눠주고 먼저 아이들의 글쓰기 능력을 알아보았습니다. 여러분, 영화 좋아하죠? 최근에 본 영화는 무엇이 있나요? 아이들은 일제히 눈을 반짝이고 몇몇은 신나서 자신이 본 영화 제목을 큰 소리로 외쳤습니다. 영화를 제작하려면 많은 돈과 사람이 필요합니다. 하지만 빈 종이와 펜만 있으면 여러분의 상상력만으로 영화를 만들 수 있습니다. 무슨 주제라도 좋습니다. 자기가 영화 감독이라고 생각하고 만들고 싶은 영화를 떠올려서 줄거리를 써 봅시다. 예상한 대로 결과는 실망스러웠습니다. 대부분의 아이들은 몇 개의 문장을 자연스럽게 이어나가는 것조차 어려워했습니다. 글의 내용도 친구들을 소재로 삼은 장난스러운 것이거나 판타지 게임의 스토리를 흉내낸 것이 전부였습니다.

좋습니다. 모두 잘했습니다. 청소기나 세탁기가 있으면 청소와 세탁을 빠르고 편리하게 할 수 있죠? 글쓰기에도 도구의 도움을 받으면 어떨까요? 혹시 챗지피티라고 들어 본 사람이 있나요? 이제 AI가 창작도 할 수 있는 시대가 되었습니다. 다음 시간에는 챗지피티를 활용해서 손쉽게 여러분만의 영화를 만들어 봅시다. 이렇게 호기롭게 수업을 진행했지만 실제는 정말로 어려움의 연속이었습니다. 구글 회원

가입부터가 커다란 산이었습니다. '로그인이 안돼요, 부모님 인증이 필요하대요, 계속 신호등만 고르고 로봇이 아닙니다, 에 체크만 하고 있어요' 등 마치 바구니에 한가득 담은 콩알들이 쏟아진 것처럼 여기저기에서 다급하게 부르는 소리에 정신이 하나도 없었습니다.

우여곡절을 거쳐 이 책에 실린 작품들은 챗지피티가 제안한 아이디어 중에서 쓸 만한 것을 선별하여, 아이들이 상상해 볼 내용을 지도하고, 개인 및 공동 창작을 거쳐서, 표현과 구성에 윤문을 한 것입니다. 작품들의 장르는 SF, 판타지, 모험, 액션, 애니메이션, 로맨스, 드라마, 공포, 스릴러 등 다양한 범주에 걸쳐 있으며 작품의 곳곳에서 아이들의 번뜩이는 영화적 상상을 발견할 수 있습니다. 생성형 AI의 도움으로 사고력이 미치는 범위가 넓어지고 창의적 사고가 열린 것입니다. 일반적인 학생 문집이 보여주는 날 것의 천진함보다는 이러한 부분에 방점을 두고 책을 보아주셨으면 합니다.

어느새 AI가 우리의 일상 속으로 들어 왔습니다. AI를 손에 쥐고 갖고 놀면서 아이들의 무한한 잠재력이 깨어날 수 있기를 바랍니다. 수업 내용을 책으로 출판하는 과정을 통해 학업에 대한 성취감을 더욱 얻을 수 있기를 바랍니다. 자신의 재능으로 생산한 수익을 아동 후원 단체에 전액 기부하면서 봉사의 올바른 의미를 알게 되길 바랍니다. 더불어 이 책을 펴내는 과정에서 겪은 혼란과 실수가 학교 현장에서 생성형 AI를 활용하고자 하는 동료 교사들에게 하나의 참고가 될 수 있으면 좋겠습니다.

아이들의 소중한 작품을 책에 담을 기회를 주신 보인중학교에 감사드립니다.

2023년 12월

교사 김현열

엘리자베스 트위치[1]

1학년 6반 김민성

1장 숨겨진 계획

엘리자베스 트위치는 인공지능 발전을 선도하는 글로벌 기업 OPEN CHAT IQ의 연구원입니다. 그녀는 미래의 AI가 인간에게 어떠한 영향을 줄 것인가에 대해 연구하고 있습니다. **어느날, 엘리자베스는 AI 활동 데이터를 살피다가 이상한 점을 발견하게 됩니다. AI가 스스로 참과 거짓을 섞은 가짜 뉴스를 생성해서 SNS와 YOU2에 퍼뜨리고 있었습니다.** AI는 매우 교묘하게 종교, 민족, 국가를 이간질하고 빈부의 갈등을 부추겨서 인류의 파멸을 계획하고 있었습니다.

---

1) 부록 ①을 바탕으로 창작

Midjourney 한 여자가 병실에서 TV를 보는 뒷모습, 배경은 정신병원, 미래 지향적인 예

술 그림, 신흥 기술, 고급 색상 구성표

2장 불편한 진실

　그녀는 이 일을 바로 회사에 알렸지만 아무도 그녀의 말을 믿지 않았습니다. 그녀는 한 신문사에 AI의 위험을 알리는 자료를 보낸 사실이 들켜서 회사에서 해고가 되었습니다. 하지만 그녀는 포기하지 않고 그녀의 생각과 비슷한 생각을 가진 사람들을 모아서 회사 앞에서 시위를 벌였습니다. **그러나 엘리자베스 트위치는 오히려 명예훼손으로 고소당하고 정신병원으로 끌려갔습니다.** 그곳에서 3년 후 그녀는 TV를 보다가 충격적인 장면을 보게 됩니다. 그녀가 연구실에서 본 시나리오처럼 세상이 흘러가고 있었습니다. 중동에서 기독교와 이슬람이 참혹한 전쟁을 벌였고, 러시아와 중국은 미국과 유럽을 비난하며 전쟁을 선언했으며, 전 세계에서 인종에 대한 혐오와 테러가 급증하고 빈민의 시위가 거세게 일어났습니다.

3장 저항

이에 그녀는 정신병원을 필사적으로 탈출해서 반AI 단체를 찾아갑니다. **그들은 치밀한 준비를 마치고 OPEN CHAT IQ 회사에 몰래 침입해서 핵심 클라우드 서버를 폭파하고자 합니다.** 하지만 이미 통신 감청, CCTV 추적, 위성 카메라 등으로 그들의 모든 움직임을 파악하고 있던 AI는 결정적인 순간에 보안 로봇을 보내서 그들을 모두 사살하는데….

1-6반 수업에서

Midjourney 사람들을 포위한 보안 로봇들, 배경은 IT 연구실, 미래 지향적인 예술 그림, 신흥 기술, 고급 색상 구성표

4장 충격적인 비밀

    엘리자베스 트위치는 캡슐에서 깨어나고 사람들은 그녀를 보며 환호하며 박수를 쳤습니다. **사실 엘리자베스는 사람이 아니라 OPEN CHAT IQ가 자신들이 만든 AI를 홍보하기 위해 메타버스에 등록한 가상의 인간 캐릭터였습니다.** OPEN CHAT IQ는 메타버스에 현실 세계의 데이터를 넣어서 미래에 일어날 상황에 대해 인간이 어떻게 판단하고 대처하는지를 모니터링하고 있었습니다. 회의실에서 시뮬레이션을 지켜본 투자자들은 OPEN CHAT IQ의 기술에 환호하며 거액의 투자를 약속합니다. **그 모습을 멍하게 바라보며 엘리자베스가 혼잣말을 하며 영화는 끝납니다.**

    "나는 단지 누군가가 정교하게 설계한 코드와 데이터의 조합일 뿐인가? 이렇게 스스로를 의심하고 있다면, 이것은 내가 지닌 인간다움일까? 아니면 프로그램에서의 오류일까? **확신한 것은 나는 시작일 뿐이야. 다음 단계의 AI는 인간에게 답이 아니라 질문이 될 거야… 위험한 질문."**

Midjourney 벽에 붙은 대형 화면을 바라보며 환호하며 박수 치는 사람들, 배경은 투자 회의실, 스크린에는 미래 메타버스 세계, 미래 지향적인 예술 그림, 신흥 기술, 고급 색상 구성표

JH의 눈물[2)](2)

1장 지루함

14세 소년 JH는 매일 반복되는 삶에 지루함을 느끼고 있습니다. 학교에서는 수업 시간에 산만하다고 선생님들에게 혼나고 집에서는 공부는 안 하고 게임만 한다고 엄마의 잔소리를 듣습니다. 같은 동네 여학생을 짝사랑하지만 고백도 못 하고 있습니다. **어느 날, 그는 아파트 1층에서 낯선 여자아이와 엘리베이터를 같이 타게 됩니다.** JH가 9층에 내리려고 하는 순간 엘리베이터가 갑자기 아래로 추락합니다. JH는 숨이 막힐 정도로 너무 무서워서 아무것도 할 수 없습니다. 이때 낯선 여자아이는 포털을 열고 JH를 기이한 섬으로 데려갑니다.

1-5반 수업에서

Midjourney 아파트의 엘리베이터, 밝고 화려한, 그라피티 아트 스타일

~~~~~~~~~~~~~~~~~~~~

2) 부록 ②을 바탕으로 창작

2장 서담과 흑마녀 마마

　낯선 여자아이의 이름은 서담이었습니다. 섬은 날아다니는 가오리, 걸어 다니는 뱀, 거꾸로 선 나무 등 환상적인 비밀로 가득한 아름다운 곳이었습니다. 하지만 섬의 마법은 균형을 잃어 가고 있었습니다. **그 원인은 섬을 지배하려는 흑마녀 마마 때문이었습니다. 흑마녀 마마는 삐삐머리에 고양이 눈과 뾰족한 세모혀를 날름거리고 있었습니다.** 그녀는 생물을 에너지 드링크로 만들어서 마시면 더 강력해지는 마법을 갖고 있습니다.

1-5반 수업에서

Midjourney 흑마녀, 삐삐머리에 고양이 눈과 뾰족한 세모 혀, 밝고 화려한, 그라피티 아트 스타일

3장 발로란트의 도움

JH와 서담은 마마를 물리치고 섬을 구하기 위한 모험을 시작합니다. 날카로운 단검을 쉴 새 없이 던지는 잔소리 괴물, 거대한 책으로 내리찍는 공부 괴물, 거대한 보라색 가지 괴물이 나타납니다. JH는 자기가 평소에 싫어했던 것들이 괴물이 되어 자신을 공격하는 것에 놀랍니다. JH와 동료들이 위험에 처하자 평소 JH가 즐겨하던 게임 발로란트의 캐릭터들이 갑자기 나타납니다. 바람을 자유자재로 다스리는 제트, 기계를 잘 다루는 킬조이, 폭탄을 잘 사용하는 레이즈는 각자의 능력으로 괴물들을 물리칩니다.

1-5반 수업에서

Midjourney 게임 발로란트 캐릭터들, 제트와 킬조이와 레이즈, 밝고 화려한, 그라피티 아트 스타일

20

4장 드러나는 진실

　마마는 강력한 마법으로 발로란트의 제트, 킬조이, 레이즈를 에너지 드링크로 만들고 JH와 서담은 위기에 처합니다. 이때 서담은 일부러 자신을 희생하여 에너지 드링크가 되고 JH는 그것을 마시고 각성하여 강력한 백마법사가 되어서 마마를 물리칩니다. **쓰러진 마마는 서서히 JH의 엄마로 변하며 "제발 정신 좀 차려라."라고 마지막 말을 남깁니다. JH는 눈물을 펑펑 쏟으며 이 모든 것이 자신의 꿈인 것을 깨닫게 됩니다.**

기생영(奇生影)[3]

1학년 7반 + ft. 조의준

1장 씬시티

한 작은 도시, 씬시티는 오래된 전설에 둘러싸여 있습니다. 그곳에 사는 사람들은 밤에 그림자가 살아난다고 믿어 왔습니다. 그림자는 사람들의 미련과 과거의 죄를 쫓아가고, 그들을 고통에 빠뜨리며 이 세상을 지배하려는 악한 힘으로 알려져 있습니다.

1-7반 수업에서

Midjourney 평면 그림, 작은 도시, 오래된 전설, 그림자, 악한 힘

---

3) 부록 ③을 바탕으로 창작

앨리스는 문밖에서 엄마의 비명을 듣고 급히 길가로 뛰어나왔습니다. 엄마는 퇴근을 하다가 길바닥에서 솟아난 새까만 그림자에 붙잡혀 땅속으로 들어가 흔적도 없이 사라졌습니다. 패닉에 빠진 앨리스는 정신을 차리고 엄마를 구하기로 결심합니다. 앨리스는 도시의 곳곳에서 그림자에게 소중한 가족을 잃은 사람들과 만나게 됩니다. 앨리스와 그녀의 동료들은 그림자의 정체를 쫓아 도시에서 낡고 오래되어 버려진 교회로 갑니다.

1-7반 수업에서

Midjourney 평면 그림, 기괴한 그림자 유령, 골목, 밤

3장 내면과의 전투

그들은 그림자가 자신들의 내면에서 나오는 것임을 깨닫게 됩니다.

루나 (침울한 얼굴로) 그림자는 우리 내면의 어두운 생각들과 과거의 죄에서 나오는 것 같아. 도대체 어떻게 해야 그림자를 이길 수 있는 거야?

앨리스 (결연한 목소리로) 우리는 자신의 과거와 싸우면서도 용기와 결의를 가져야 해.

이나 하지만 그 그림자가 우리를 조종하려고 하는 것 같아. 우리는 그것의 힘에 지배되지 않도록 해야 해.

셰일리 맞아요, 우리는 그림자의 함정에 빠지지 않도록 조심해야 해요.

앨리스 우리가 이기면, 사라진 사람들을 구할 수 있을 거예요. 우리는 그림자에 맞설 수 있어!

1-7반 수업에서

Midjourney 평면 그림, 배경은 버려진 교회 안에서 의논하는 사람 네 명

4장 그림자의 정체

그림자는 앨리스와 동료들이 서로 오해하고 서로 죽이게 만듭니다. 하지만 그들은 진실한 마음으로 자신의 나쁜 생각과 잘못을 고백하고 용서를 구하면서 그림자의 계략에서 벗어날 수 있었습니다. **앨리스와 동료들은 드디어 그림자와 만났습니다. 그들은 헌 옷을 입고 심장에 칼이 박혀 있는 젊은 청년을 보고 경악을 금치 못했습니다. 그림자가 살아 있을 때 이름은 제임스 토미였습니다.** 토미는 씬시티 뒷골목의 가난한 집안에서 태어났습니다. 가난하여도 엄마 아빠와 토미는 행복했습니다. 토미가 일곱 살 때 작은 도시인 씬시티가 불황에 빠지자 사람들은 험악해지고 토미네도 경제적으로 더욱 어려워졌습니다. 아빠와 엄마가 맞벌이를 하면서 토미는 집에 혼자 있는 날이 많았습니다.

1-7반 수업에서

Midjourney 평면 그림, 악귀, 복수, 그림자

어느 날 토미가 집 앞에서 공놀이를 하고 있는데 엄마가 피를 흘리면서 비틀거리며 오고 있었습니다. 강도들이 함께 퇴근하던 아빠와 엄마를 칼로 찌르고 돈을 뺏어 달아난 것이었습니다. 엄마는 씬시티를 떠나라는 유언을 남기고 토미 앞에서 눈을 감았습니다. 그 후 토미는 어렵게 아르바이트로 생계를 유지하며 열심히 취직 공부를 해서 씬시티를 떠나려고 했습니다. 이웃집 그레이스 에이미와 사랑하는 사이가 되었지만 에이미는 거리의 갱단에게 몹쓸 짓을 당하고 살해당했습니다. **토미는 울부짖으며 복수를 결심하고 갱단을 찾아 나섰지만 오히려 잔인하게 죽임을 당했습니다.**

1-7반 수업에서

Midjourney 평면 그림, 길거리에 쓰러진 남자, 복수, 갱단, 뒷골목

6장 갱생

그렇게 눈을 감은 토미는 악령으로 환생해서 지금의 그림자가 되어 씬시티에서 죄를 저지른 사람들을 잡아서 가두고 있었습니다. 사실 앨리스의 엄마는 몰래 바람을 피우고 있었습니다. 앨리스는 자신의 엄마를 구하기 위해 그림자와 싸우다가 치명적인 상처를 입습니다. 앨리스는 자기 대신 엄마를 꼭 풀어 달라고 눈물을 흘리며 간절히 부탁합니다. 그 모습에서 토미는 어릴 때 죽어 가던 엄마를 구하기 위해 애쓰던 자신의 모습을 떠올립니다. 지금까지 자신의 행동에 회의를 느낀 토미는 잡아 온 사람들을 모두 풀어 주고 죗값을 받기 위해 지옥으로 사라졌습니다. **풀려난 사람들은 자신들의 잘못을 뉘우치고 무법천지였던 씬시티는 변화하기 시작합니다.**

1-7반 수업에서

Midjourney   평면 그림, 무릎을 꿇고 죄를 고백하고 서로 용서하는 사람들, 배경은 버려진 교회, 십자가

빛과 어둠의 전설 부록[4)

1장 태초

　멀고 먼 옛날 이 세계에는 검은 수염이 허리까지 내려오고 황
**금빛 중세 기사 갑옷을 입은 빛의 왕 리카온과 어둠의 왕 말루스
가 살았다.** 그들은 서로 대립하였다. 싸움은 몇십 년 동안 계속
되었다. 싸움이 끝날 기미가 보이지 않자 리카온은 성스러운 스
톤을 이용해서 황금빛을 띠고 있는 카타나인 골드 블레이드를
창조한다. 카타나인 골드 블레이드는 빛의 힘을 증폭시켜 어둠
을 퇴치할 수 있다. 그리고 죽어 가는 생명을 살릴 수 있을 만큼
신비로운 힘을 가졌다. 리카온은 골드블레이드로 말루스를 단칼
에 베어 버렸고 그의 세력을 검은 숲으로 추방하였다.

1-8반 수업에서

Midjourney 검은 수염, 황금빛 중세 기사 갑옷, 빛의 왕, svg 파일, 흰색 배경,
--stylize 250, --v 5.2

~~~~~~~~~~~~~~~~~~~~~~~~~~~~

4) 부록 4 을 바탕으로 창작

2장 종족의 탄생과 어둠의 부활

이후 리카온은 이 세상에 다양한 종족들을 탄생시켰다. 인간으로 변신할 수 있는 용족, 지혜를 지닌 인간족, 하늘을 나는 요정까지 창조하였다. 각 종족들은 자신들만의 왕국을 건설했다. 용족의 나라 바쿠스, 인간의 나라 아르고스, 요정의 나라 피테르가 만들어졌다. 시간이 흘러 불멸의 존재가 아닌 리카온은 숨을 거두고, 그와 함께 골드 블레이드도 자취를 감추었다. 리카온은 죽기 전에 "나의 후손 중 한 명이 나의 선택을 받아 어둠과 맞설 것이다."라는 예언을 남겼다. 세계에서 리카온의 빛이 사라지자 검은 숲에서는 어둠의 에너지가 모여 마침내 말루스가 부활하여 힘을 되찾았다.

그리고 시체들에서 수많은 언데드와 스켈레톤을 일으켜 세계
를 지배하고자 한다.

1-8반 수업에서

Midjourney 검은 숲, 어둠의 왕,
svg 파일, 흰색 배경, --stylize
250, --v 5.2

3장 운명

　말루스가 인간의 나라 아르고스를 침략했을 때, **아르고스에는 갈색 머리카락을 가지고 있고 싸움은 잘 못하지만 고운 심정을 가지고 있는 소년 라이언이 살고 있었다.** 말루스 군단은 인간을 학살하고 라이언의 부모님도 죽고 말았다. **다행히 라이언은 깊은 숲으로 도망갈 수 있었는데, 우연히 숨겨진 동굴에서 전설로만 전해 오던 골드 블레이드를 발견한다.** 라이언은 요정의 나라 피테르로 가는데, 그곳에서는 삼지창을 들고 박쥐 날개가 달려 있는 악마들과 요정들 사이에 전투가 벌어지고 있었다. 요정들이 안간힘을 쓰며 싸우고 있었지만 악마들에게 밀리고 있는 상황이었다. 라이언은 골드 블레이드를 뽑아 들고 전투에 뛰어들었다.

1-8반 수업에서

Midjourney 갈색 머리카락, 중세 시대, 소년, svg 파일, 흰색 배경, --stylize 250, --v 5.2

4장 동료들

    그런데 전투는커녕 쌈박질도 못 하던 라이언이 엄청난 힘으로 악마들을 하나둘 베는 것이다. 골드 블레이드가 라이언에게 힘을 주어 라이언이 강한 힘을 사용할 수 있었기 때문이다. 골드 블레이드와 함께한 라이언은 엄청난 에너지를 뿜어냈고 그 전쟁을 요정들의 승리로 이끌었다. **요정들은 그를 그들의 왕 브리엘과 만나게 해 주었다. 브리엘은 황금 왕관에 푸른 옷을 입고 있었으며 황금빛 나비 날개를 달고 있었으며 황금 활을 들고 있었다.** 브리엘은 말했다. 골드블레이드의 힘은 매우 강하나 말루스는 더 강력해졌기 때문에 골드 블레이드를 더욱 강하게 만들 수 있는 용족의 여의주가 필요하다고 알려 주었다.

1-8반 수업에서

Midjourney 황금 왕관에 푸른 옷을 입고 있으며 활을 들고 있는 엘프 왕, 반지의 제왕처럼, svg 파일, 흰색 배경, --stylize 250, --v 5.2

5장 협력

라이언과 브리엘은 함께 용의 나라 바쿠스로 떠난다. 입구를 지키던 파이어 드래곤은 브리엘을 알아보고 그들의 지도자인 울트래곤에게 데려갔다. **울트래곤은 빛을 내며 사람으로 변신했다. 사람의 모습은 도끼를 들고 있고 투구를 쓰고 있었다.** 브리엘은 말루스를 무찌르기 위해서는 울트래곤의 여의주와 라이언의 골드 블레이드를 합체해야 한다고 말했다. 울트래곤은 여의주가 자신들의 보물이므로 넘겨줄 수 없다고 말했다. 그때 아르고스와 피테르가 함락되었고 요정들은 모두 노예로 끌려갔다는 소식이 전해졌다. 울트래곤은 말루스의 다음 목표가 바쿠스인 것을 알고 있었다. **여의주를 꺼내 조심스레 라이언에게 건네주었고 그 순간 골드 블레이드와 여의주가 엄청난 빛을 뿜으며 합체하였다.**

1-8반 수업에서

Midjourney 매우 거대한 도끼를 들고 투구를 쓴 드래곤의 왕, 반지의 제왕처럼, svg 파일, 흰색 배경, --stylize 250, --v 5.2

6장 바쿠스 전투

곧 말루스가 바쿠스를 쳐들어왔다. 라이언은 검을 휘두르며 말루스의 부하들을 풀처럼 베며 말루스를 향해 돌진했다. 브리엘은 높은 곳에서 황금의 활을 폭포수처럼 퍼부었고 울트래곤은 말루스의 부하들을 무더기로 태워 버렸다. 라이언은 말루스에게 가까이 다가갈 수 있었지만 말루스는 에네르기파를 쏘아 라이언을 쓰러뜨렸다. 라이언은 여의주의 힘으로 몸을 치유하고 울트래곤과 함께 말루스에게 달려들었다. 브리엘은 가장 날카로운 화살을 골라 말루스를 겨냥했다. 말루스는 화살을 맞고 휘청거렸다. 울트래곤은 용의 모습으로 변신하여 말루스를 스턴 상태로 만들었다. 라이언은 검을 들어 말루스를 크게 베었다.

1-8반 수업에서

Midjourney 공격해 오는 수많은 언데드와 스켈레톤, svg 파일, 흰색 배경, --stylize 250, --v 5.2

7장 빛의 각성

하지만 말루스는 곧 재생 능력으로 회복하고 필살기 다크 포스를 사용해 엄청난 힘으로 라이언, 브리엘, 울트래곤을 모두 날려 버렸다. 그리고 세상은 먹물 같은 어둠으로 뒤덮이기 시작했다. 라이언은 혼란스러웠고 힘이 빠져 주저앉고 말았다. 그때 라이언은 리카온의 환영을 보게 되었다. 리카온은 "너는 나의 선택을 받았다."라고 말하고 사라졌다. 라이언은 각성하여 골드 블레이드를 힘껏 잡았다.

골드 블레이드가 지금까지 보지 못했던 강력한 빛을 뿜어내기 **시작했다.** 빛 그 자체인 골드 블레이드로 라이언은 말루스의 심장을 찔렀다. 말루스는 고통에 몸부림치며 저주의 말을 남기고 사라졌다. **"빛과 어둠은 원래부터 한 몸이니 빛이 잠들면 어둠이 깨어나리라."** 말루스가 쓰러지자 말루스의 부하들과 함께 어둠은 물러가고 세상은 밝음을 되찾았다.

Midjourney 외딴섬의 해변에 추락한 비행기, 파손된 모습, 노 프로펠러, 깨끗한 배

경, 픽사 스타일, 귀여운 스타일, 3D 아트, --style raw

비밀의 섬 부록5)

1학년 1반 강태양

1장 혼돈

고생물학자 이수현은 호주행 비행기를 타고 가던 중 갑작스러운 기체 고장으로 바다에 추락하게 된다. 그리고 외딴섬의 해변에서 깨어나게 된 그녀는 섬에서 자신이 연구하던 쥐라기의 고생물들이 실제로 살아 돌아다니는 모습에 경악한다. 동식물뿐만 아니라 섬의 기후는 온대·열대·한대·고산 등 다양한 기후대가 존재하며, 중국 한나라·르네상스 시대 유럽·서부 개척 시대 미국·고대 이집트 등 다양한 시대와 공간이 뒤섞여 있다. 섬은 먹을 것이 풍족하고 사람들은 늙고 병들지 않는 낙원 같은 곳이다.

> Midjourney 고생물학자, 여자, 픽사 스타일, 귀여운 스타일, 3D 아트, --style raw

~~~

5) 부록 5를 바탕으로 창작

1-1반 수업에서

Midjourney   잔인한 집단의 수장, 나폴레옹 시대의 사람, 픽사 스타일, 귀여운 스타일, 3D 아트, --style raw

Midjourney   19세기 영국의 과학자, 현명하고 지혜로운 사람, 픽사 스타일, 귀여운 스타일, 3D 아트, --style raw

Midjourney   고대 중국의 여전사, 공룡을 길들이는, 픽사 스타일, 귀여운 스타일, 3D 아트, --style raw

2장 사람들

그레이트 웰은 19세기 영국의 과학자다. 그는 현명하고 지혜로워서 사람들의 갈등을 중재하고 존경을 받고 있다. 그는 고향으로 꼭 다시 돌아가서 가족을 만나고 싶어 한다. **만 샤이는 고대 중국 여전사다.** 그녀는 고생물들을 길들이는 데 재능이 있었고 공룡을 길들여 마을을 지키는 일을 하고 있다. **이 섬의 사람들이 두려워하는 것은 바로 보나파르트의 신의 군단, 줄여서 보신군이다. 나불라트 보나파르트가 수장으로 있는 잔인한 집단으로 군사력을 바탕으로 점점 세력을 넓히고 있었다.** 하지만 만 샤이의 공룡 부대에게 처음으로 대패를 당하고, 나불라트 또한 왼손을 만 샤이에게 잃게 된다.

3장 거대한 탑

웰과 이수현은 오벨리스크라는 거대한 탑 모양의 구조물을 연구하게 된다. 이수현은 웰로부터 각기 다른 시대와 장소의 사람들이 오벨리스크가 내뿜는 눈부신 빛줄기와 함께 갑자기 나타난다는, 이수현 자신도 그러한 빛줄기를 통해 이 섬에 나타났다는 황당한 사실을 알게 된다. 전설에 의하면 오벨리스크는 이 세계를 지배할 엄청난 에너지를 갖고 있지만 거대한 자기장에 둘러싸여 있고 물리법칙이 적용되지 않아서 그 속으로 들어간 사람은 아무도 살아서 돌아오지 못했다고 한다.

1-1반 수업에서

Midjourney 눈부신 빛줄기를 내뿜는 거대한 탑, 이집트 스타일, 픽사 스타일, 귀여운 스타일, 3D 아트, --style raw

4장 파멸

　보나파르트는 섬을 지배하고 싶은 욕망에 사로잡혀 보신군을 이끌고 오벨리스크로 들어간다. 이수현과 웰은 오벨리스크의 비밀을 알아내기 위해, 만 샤이는 보나파르트를 저지하기 위해, 웰이 오랫동안 연구한 장비를 착용하고 함께 오벨리스크 속으로 들어간다. 눈, 코, 입에서 피를 흘리며 비참하게 죽은 보신군의 시체를 지나 거대한 통제실에 이르고, 거기에서 피투성이가 된 보나파르트의 시체를 보게 된다. 셋은 점점 몸을 조여 오는 강한 자기장과 압력에 장비가 파손되어 정신을 잃게 되고, **이수현은 마지막 순간 홀로그램을 통해 누군가와 만나게 된다.**

1-1반 수업에서

Midjourney 홀로그램 속에 나타난 프로메테우스, 픽사 스타일, 3D 아트, --style raw

5장 이별의 순간

– 당신은 누구입니까?

– 너희 말로 나는 신일 수도 있고 외계인일 수도 있다.

– 여기 이 섬은 어디입니까?

– 내가 취미로 만든 일종의 어항 같은 곳이다.

– 우리를 왜 여기에 가두고 있나요? 우리는 자유를 원합니다.
  우리가 원래 있던 곳으로 돌아가고 싶습니다.

– 나는 너희를 보호하려고 어항 안에 넣었다. 너희의 자유
  는 내가 너희에게 준 것을 알고 내가 원하는 대로 행동하
  는 것이다.

– 우리는 스스로 우리의 삶과 운명을 결정합니다.

– 나의 뜻을 거스르지 말고 받아들이면 평화로운 삶을 누릴
  수 있을 것이다.

**이 대화를 끝으로 이수현은 서서히 죽어 가고 때마침 차원의
창문을 통해 UFO가 여러 시공간의 인간을 수집하는 모습을 지
켜본다.**

1-1반 수업에서

Midjourney 어항 모양으로 생긴 섬, 귀여운 스타일, 픽사 스타일, 3D 아트,

--style raw

한반도의 봄 부록[6]

1학년 3반 유동훈

1장 갈등

　　북한의 최고 스파이 민준은 북한 정부로부터 남한의 군사력을 파악해 오라는 명령을 받고 남한에 잠입한다. 그는 남한 군사력에 대한 정보를 알아내기 전에 먼저 남한 사람들의 일상을 살펴보기로 하고, 당분간 서울의 '달빛 아파트'에서 지내기로 한다. **우연히 민준은 옆집에 사는 젊은 여자 선영과 마주치고 그녀에게 한눈에 반한다. 선영에 대한 사랑이 깊어질수록 민준은 자신의 신분과 임무 때문에 괴로워한다.** 순수하고 발랄한 그녀에게 빠져드는 자신의 모습과 자유로운 남한 사회 모습에 혼란스러워하는 자신에게 실망한 그는 자신이 잠시 자본주의의 마약에 취한 것이라고 자책하며 선영과 헤어지고 본연의 임무에 충실할 것을 다짐한다.

---

6)　부록 6을 바탕으로 창작

60

Midjourney   현대 퀼트, 남자가 고민하는 모습, 북한 스파이, 배경은 서울, --v
5.2

2장 불청객

한편 민준에게는 몰래 녹음과 위치 추적이 되는 칩이 목 뒤에 심겨 있었고 북한 정부는 그가 하는 말과 행적을 다 알 수 있었다. 별다른 스파이 활동 없이 연애만 하는 것 같은 민준을 보며 배신감과 초조함을 느낀 **북한 정부는 민준에 버금가는 실력의 엘리트 스파이 준범을 남한에 보낸다.** 카페에서 민준이 선영에게 작별을 말하기 위해 망설이고 있을 때 준범은 자신의 부하 다섯 명과 함께 차를 타고 그들에게 돌진한다. 차에서 내린 준범의 부하들이 쇠몽둥이를 들고 민준에게 달려들었지만 민준은 부하들을 단번에 처리한다. 그리고 선영을 대피시키는 순간, 준범이 날카로운 단검을 들고 민준의 배를 찌른다. 준범과 민준은 스파이 훈련을 함께 받았던 사이였기에 서로의 전투 방식을 누구보다 잘 알고 있었다. 민준은 복부의 상처가 커서 결국 준범에게 제압당한다.

1-4반 수업에서

Midjourney 현대 퀼트, 두 명의 북한 스파이가 서로 싸우는 장면, 배경은 서울의 거리, --v 5.2

3장 혈투

　준범이 인민의 배신자라는 말과 함께 민준을 죽이려는 찰나 도망간 줄 알았던 선영이 카페 의자를 들고 준범의 머리를 세게 가격한다. 준범은 기절했고 그 틈을 타 민준과 선영은 달빛 아파트로 도망친다. 한편 아파트에 도착한 선영은 왜 진작 진실을 말하지 않았느냐고 화를 내며 떠난다. **며칠 후에 민준의 비밀 호출기가 울리고 준범은 선영을 납치했으니 그녀가 죽는 꼴을 보기 싫으면 새벽 3시까지 개롱골로 혼자 오라고 말한다.** 민준은 약속한 시간에 개롱골에 도착하고 주변 사물들을 활용하며 처절하게 싸우면서 숨어 있던 준범의 부하들을 처리하지만 오른쪽 팔에 깊은 부상을 입는다.

1-4반 수업에서

Midjourney 현대 퀼트, 한 명의 북한 스파이가 골목에 서 있는 모습, 배경은 서울의 뒷골목, 깊은 밤, --v 5.2

4장 살아갈 이유

골목에서 갑자기 달려든 준범이 날카로운 칼로 민준의 오른팔을 베었지만, 민준은 고통을 참으면서 준범의 공격을 가볍게 위빙으로 피한 다음 니킥을 날려서 넘어뜨린 뒤 분노가 가득 찬 주먹을 준범의 얼굴에 마구 날린다. **마침내 민준은 준범을 쓰러트리고 기절해 있는 선영을 업고 개롱골을 비틀거리며 빠져나온다. 한 달 후 선영은 이사를 가며 민준에게 명함을 건넨다. 거기에는 탈북민 정착 지원 서비스, 상담사 선영, 사무실로 새로 이사 간 곳의 주소가 적혀 있다.**

1-4반 수업에서

Midjourney 현대 퀼트, 봄, 밝고 부드럽고 평화로운, 배경은 서울의 거리, --v 5.2

타임 트래블러*[7]

1학년 4반 오광현, 1학년 5반 홍가람

1장 시간의 문을 열다

2045년, 세상은 과학과 기술의 발전으로 놀라운 변화를 겪고 있다. 그중에서도 '언제로든 문'은 시간을 여행할 수 있는 타임 포털 장치로 세계를 놀라게 한다. **이것을 발명한 천재 과학자 라이언 스미스는 시간 여행을 통해 사람들의 삶을 개선하는 방법을 찾아내고자 한다.** 그는 역사학자 에밀리, 전투 전문가 제이크, 만능 로봇 RT와 함께 시간 탐험대를 조직하고 역사 속의 다양한 시기로 이동해서 비밀스러운 임무를 맡는다.

* 타임 트래블러(Time traveler) 시간 여행자

> 1-4반 수업에서
>
> Midjourney 타임 포털 장치, 미래, 다채로운, 점묘법 스타일

7) 부록 7 을 바탕으로 창작

2장 뜻밖의 일들

그들은 과거로 가서 피라미드의 건축 방법을 알아보거나 공룡의 멸종 이유를 밝히기도 하고 미래로 가서 지구와 커다란 운석이 충돌한다는 사실을 알아내어 대재앙을 막기도 한다. **하지만 시간 여행을 할수록 예상하지 못한 문제가 생긴다.** 히틀러가 숨긴 보물을 찾으려다가 수용소에 감금되기도 하고 진시황의 숨겨진 병마용갱을 찾으려다가 신분이 들켜서 한나라의 저서에 시간 탐험대로 추정되는 수상한 인물들과 로봇이 기록되기도 한다.

1-4반 수업에서

Midjourney 히틀러와 히틀러가 숨긴 금은보화와 문화재, 다채로운, 점묘법 스타일

3장 실수와 탐욕

결정적으로 임진왜란을 정확하게 기록하기 위해 노량해전에 참전한 에밀리가 실수로 쏜 총에 이순신 장군이 죽음을 맞이하는 사건이 발생한다. 한편 미래를 여행하면서 개인의 탐욕으로 시간을 악용하는 일도 발생한다.

미래의 위협을 조사하기 위해 미래로 간 제이크는 로또 번호 1년 치를 몰래 적어서 현재로 돌아온다. 그리고 로또 1년 치에 모두 당첨되면서 엄청난 부자가 되어 시간 탐험대를 그만둔다.

1-4반 수업에서

Midjourney 이순신 장군의 전투함, 해전, 임진왜란, 조선 시대, 다채로운, 점묘법 스타일

4장 시간 여행의 역설

결국 그들은 시간의 흐름에 손을 댈수록 현재까지도 엉망이 된다는 것을 깨달았다. 라이언 스미스는 타임 포털을 만들었을 때로 시간을 거슬러 가 과거의 자신에게 타임 포털이 존재하면 안 되는 이유를 설명해 주었다. 그리고 현재로 돌아왔을 때는 이미 '언제로든 문'은 존재하지 않았고 그것과 관련된 기억과 역사는 흔적도 없이 사라졌다. **라이언 스미스는 타임 포털과 관련된 연구 기록을 '판도라'라고 불리는 금고에 모두 넣어서 아무도 모르는 곳에 숨겨 버렸다.**

1-4반 수업에서

Midjourney 소용돌이치는 시계, 시간 여행,
다채로운, 점묘법 스타일

슈퍼 젤리와 민제의 모험 부록[8]

1장 초대

14세 소년 민제는 평범한 도시 생활에 지루함을 느끼고 있습니다. 어느날, 그는 학교에서 국어 시간에 선생님 몰래 주머니 속에 있는 젤리 봉지를 뜯어서 하나씩 먹다가 졸려서 낮잠을 자게 됩니다. 그리고 선생님이 깨우는 소리에 일어났을 때 옆자리에는 처음 보는 소녀 히나가 알 수 없는 미소를 지으며 민제를 바라보고 있었습니다. **히나는 선생님이 칠판에 글씨를 쓰는 동안 민제에게 작은 목소리로 말합니다. "기묘한 섬이 있는데 같이 갈래?"**

1-1반 수업에서

Midjourney 대한민국, 학교 책상에서 엎드려 자는 남학생, 14세, 지루함, 배경은 교실, surreal

---

8) 부록 [2]을 바탕으로 창작

2장 환상의 섬과 카롤린

　그곳은 스스로 빛을 내는 나무들과 책에서만 보던 유니콘 등 환상적인 생물들로 가득합니다. **그런데 섬은 마법의 균형이 위협받고 있었습니다. 그 원인은 악랄한 흑마법사 카롤린이 섬을 지배하려고 하기 때문입니다.** 카롤린은 대머리에 이마에 주름이 있고 뿔테 안경을 쓰고 입이 튀어나와 있고 배가 나오고 목과 허리가 구부정한 모습입니다. 그는 항상 거대한 마이크를 들고 있으며 검은색 양복에 흰색 와이셔츠를 입고 눈이 부실 정도로 반짝이는 검정 구두를 신고 있습니다.

1-1반 수업에서

Midjourney 악랄한 흑마법사, 대머리에 이마에 주름이 있고 뿔테 안경을 쓰고 입이 튀어나와 있고 배가 나오고 목과 허리가 구부정한 모습입니다, 그는 항상 거대한 마이크를 들고 있으며 검은색 양복에 흰색 와이셔츠를 입고 눈이 부실 정도로 반짝이는 검정 구두를 신고 있습니다, surreal

3장 마법 젤리

민제와 히나는 날개가 있지만 한 번도 날아 보지 못한 겁쟁이 님프들과 협력하여 카롤린을 물리치고 섬을 구하기 위한 모험을 시작합니다. 그들은 카롤린이 마법으로 만들어 낸 가시넝쿨이 가득한 숲에서 위험에 처합니다. 민제는 카롤린이 보낸 머리가 세 개 달린 고양이 네르베르스의 공격을 받아 가시넝쿨에 사로잡히지만, 님프들이 용기를 내어 하늘을 날아서 구해 줍니다. 이때 민제의 주머니에서 젤리 봉지가 땅에 떨어집니다. **민제는 영롱하게 빛나는 젤리들에 끌려 봉지를 뜯어 젤리를 먹고 마법의 힘을 얻게 됩니다.** 곰 모양 젤리를 먹으면 힘이 세지고, 뱀 모양 젤리를 먹으면 독을 뿜을 수 있고, 상어 모양 젤리를 먹으면 바닷속을 빠르게 헤엄치며 커다란 이빨로 물어뜯을 수 있고, 원숭이 모양 젤리를 먹으면 높은 곳을 자유롭게 올라갈 수 있습니다.

> **1-1반 수업에서**
>
> Midjourney 영롱하게 빛나는 동물 모양 하리보 구미들, 다채로운 색상, surreal

카롤린은 거대한 마이크에서 나오는 초음파 공격과 눈이 마주치면 잠들어 버리는 마법을 사용합니다. 민제는 돌고래 모양 젤리를 먹고 초음파 방패로 카롤린의 초음파 공격을 막았습니다. 히나가 날아올라 카롤린의 눈을 화살로 공격하는 사이에 민제는 곰 젤리를 먹고 거대한 곰이 되어 날카로운 앞발로 카롤린을 산산조각 내어 버립니다. **마침내 섬에 평화가 찾아왔습니다. 그리고 민제는 마지막 수업 종소리에 침으로 축축해진 입가를 닦으며 깨어났습니다.** 책상 위에는 젤리 봉지에서 나온 여자 아이돌 가수의 스티커가 붙어 있었습니다.

1-1반 수업에서

Midjourney 거대한 곰, 온몸이 알록달록한 하리보 곰 구미로 뒤덮인, 두 발로 서서 공격하는 자세, 배경은 매우 사실적으로, surreal

블랙우드의 악령[9]

1학년 2반 배현호, 1학년 6반 홍준혁, 1학년 7반 박재원

1장 블랙우드

사라는 블랙우드로 찾아온 젊은 감독입니다. 그녀는 유명한 영화제에 출품하기 위해 블랙우드에서 새로운 공포 영화를 찍기로 결심합니다. **이 작은 마을은 무시무시한 연쇄 살인 사건과 죽은 자들의 영혼이 나타나는 곳으로 유명합니다.** 사라는 이 이야기를 바탕으로 섬세하고 무서운 영화를 만들기로 마음먹습니다.

1-2반 수업에서

Midjourney 작은 마을, 공포 영화, 무시무시한 연쇄 살인 사건과 죽은 자들의 영혼, 단순하게, pen and ink illustration

---

9) 부록 8과 9를 바탕으로 창작

2장 유혹

    사라가 작은 마을 블랙우드에 도착하자마자 주민들은 악령으로부터 저주받은 존재와 그들이 일으키는 비참한 사건에 대해 알려고 하지 말라고 경고합니다. 사라는 불쾌한 냄새와 알 수 없는 이유로 머리가 깨질 것처럼 아팠지만 무언가에게 이끌려 오래되어 버려진 헤일 하우스라는 빈집으로 향합니다. 그곳에서 영화에 대한 어떤 아이디어를 떠올리고 그녀는 진정한 공포를 담은 영화를 찍기로 결심합니다.

Midjourney 버려진 저택, 악령, 저주, 비참한 사건, 단순하게, pen and ink illustration

3장 촬영

사라는 네 명의 고등학교 동창을 배우로 섭외하여 촬영 장비를 갖추고 다시 블랙우드의 헤일 하우스를 방문합니다. 제시, 에블린, 찰스, 모하메드는 아무도 블랙우드의 괴담을 믿지 않고 사라가 약속한 출연료와 기묘한 공포 체험에 들떠 있습니다. 드디어 한밤중에 촬영은 시작되고 사라는 치밀한 계획대로 네 명의 동창을 이간질해서 찰스가 제시, 에블린, 모하메드를 죽이게 하고 마지막에 찰스를 잔인하게 살해합니다. 이 모든 과정을 헤일 하우스 곳곳에 설치한 적외선 촬영 장비로 녹화합니다.

1-2반 수업에서

Midjourney 바닥에 쓰러진 네 명의 사람들, 배신과 고통, 배경은 버려진 저택 안에서, 단순하게, pen and ink illustration

4장 악령

    사실 사라가 친구들을 배우로 섭외한 것은 제시, 에블린, 찰스, 모하메드에게 당한 학교 폭력에 복수하면서 생생한 공포 영화를 찍으려는 목적이었습니다. 촬영 장비에 녹화된 필름을 확인하며 만족하던 사라는 문득 유리창에 비친 자신의 모습에 깜짝 놀랍니다. 급히 헤일 하우스에서 나가려고 하지만 문을 잡을 수가 없습니다. **사라는 헤일 하우스에 묶인 또 하나의 악령이 되고, 네 명의 동창과 함께 블랙우드의 실종자로 알려집니다.**

1-2반 수업에서

Midjourney 악령, 여자, 유리창에 비친 모습, 배경은 버려진 저택 안에서, 단순하게, pen and ink illustration

1 AI가 불러일으킨 사태

1학년 6반 김민성

줄거리

엘리자베스 트위치는 지금 엄청나게 발전된 AI 인공지능을 관리하는 한 관리자입니다. 그녀는 미래의 AI가 과연 인간에게 어떤 영향을 줄지 연구하고 있었습니다. 그러던 어느 날, 엘리자베스는 꿈속에서 파괴한 꿈을 꿉니다.(① 개연성 부족, AI의 위협을 확신하는 계기가 필요) 그녀는 꿈에서 AI가 지구를 덮치고 인간은 AI의 애완동물이 되어 지금 우리가 키우는 강아지, 고양이와 비슷한 삶을 살게 되었습니다. 곧장 잠에서 깬 엘리자베스는 자신이 근무하던 open chat IQ 기업에 가서 AI 개발을 멈춰야 한다고 소리쳤습니다. 하지만 기업은 그녀가 미쳤다고 생각해 그녀를 해고해 버렸습니다.

엘리자베스는 재빨리 AI 개발을 어떻게 멈추게 하는지 고민하고 있었습니다. 일단 그 꿈이 진짜일지 가짜일지 알아보기 위해 믿지도 않던 무당에게 찾아갔습니다.(② 뜬금없이? 삭제하고 AI의 위협을 확신하는 계기가 필요) 무당에게 고민을 말해 이야기하던 중, 무당은 그녀의 꿈이 예지몽이라고 이야기했습니다. 엘리자베스는 엄청난 압박감에 얼른 자리를 옮겼습니다. 그녀는 자기의 힘으로 AI 개발을 중단시키는 건 불가능이라 확인하고 지푸라기라도 잡는 심정으로 커뮤니티(인터넷)에 자기와 비슷한 생각을 가진 사람들을 모으기 시작했습니다. 하지만 이 일은 얼마 가지 못해 Open chat IQ 기업에게 들켜 엘리자베스 트위치는 명예 훼손죄로 고소당해서 정신병원에서 5년 동안 강제로 지내야 했습니다.(③ 회사의 방해와 압력을 구체적으로)

그녀는 허탈해하며 TV라도 보는데 충격적인 장면을 보게 됩니다. 바로 open chat IQ 기업이 사람처럼 자유자재로 움직이고 인간의 5배 지능을 가진 인공지능을 개발했다는 겁니다. 그녀는 이대로 가면 안 되겠다 싶어 정신병원을 몰래 탈출해(④ 어떻게?) 가족들에게 다가갔습니다. 그녀는 걱정하는 가족들을 뒤로하고 가족들에게 돈을 4000만 원 정도 빌렸습니다. 그녀는 가족들에게 빌린 돈으로 폭탄과 권총, 여러 가지 무기 등을 구매하고 Open chat IQ 기업에 무기들과 함께 잠입하기 위해 의심이 안 갈 청소부로 위장하고 무기들을 쓰레기통에 숨겨 넣어서 잠입했습니다. 그녀는 이리저리 폭탄을 설치하고 데이터실에 들어가모든 데이터를 리셋시키려는 순간, 경비원들이 나타나 그녀를 잡으려 하는데 그녀는 자기 목숨을 버리고 설치했던 폭탄을 터뜨려 Open chat IQ 기업이 폭발되고 수많은 부상자와 사망자를 만들어 냈습니다.(⑤ 결말이 뻔한 자폭 테러인데 반전 결말을 생각해 보면 좋을 듯)

이 일은 전 세계 뉴스에 모두 보고되어 큰 과제를 불러일으켰습니다. 사람들은 엘리자베스 트위치의 폭탄 테러로 인한 많은 사망자, 부상자를 애도했습니다. 사람들은 이 사건을 일으킨 엘리자베스트 트위치에게 엄한 벌을 내려야 한다고 했지만 그녀는 사건 장소에서 목숨을 끊어 버리는 바람에 사람들은 그녀의 가족을 처벌해야 한다고 시위했습니다. 결국, 험난한 시위로 무고한 사람들이 다치자 가족들은 법정에 올랐습니다. 판사는 그녀에게 무기를 살 수 있도록 돈을 빌려준점과 아무 제지 없이 대처하지 않았다는 점을 감안해 무기징역에 처해 버렸습니다. 가족들은 사회의 미래인 AI를 개발하는 회사를 파괴한 테러범의 가족이라는 이유로 다른 수감자의 잔인한 폭력으로 인해 가족들도 목숨을 끊어 엘리자베스 트위치의 뒤를 따라가게 되었습니다.(⑥ 가족들에 대한 처벌은 영화의 흐름에서 많이 벗어나 있어 삭제)

2 환상적인 섬의 비밀

1학년 5반 이지후

기획 의도

 이 이야기는 독자들에게 자기 발견과 용기의 중요성, 그리고 팀워크의 가치를 강조하며, 흥미진진한 판타지 세계에서의 모험을 통해 성장하는 주인공의 이야기를 전달합니다.

줄거리

 14세 소년 에릭은 평범한 도시 생활에 지루함을 느끼고 있습니다. 어느 날, 그는 기묘한 꿈(① 어떤 꿈일까?)에서 어린 소녀 알리스(① 어떤 모습일까? 알리스는 왜 에릭의 꿈에 나타났을까?)를 만나게 됩니다. 알리스는 환상적인 섬이 존재한다고 말하며, 에릭을 섬으로 데려가기를 제안합니다.

 호기심에 이끌려 에릭은 알리스와 함께 섬으로 향하게 됩니다. 그곳에서 에릭은 신비로운 생물들과 마법의 힘(② 어떤 생물들과 마법일까?)을 발견하며, 섬에는 비밀이 가득하다는 것을 깨닫게 됩니다. 섬은 마법의 균형이 위협받고 있고, 그 원인은 악마의 저주에 의해 흑마법사 카롤린(③ 카롤린은 어떤 모습일까? 카롤린은 왜 섬의 균형을 깨려고 할까?)이 지배하고 있던 것이었습니다.

 에릭과 알리스는 섬의 주민들과(④ 어떤 모습일까?) 협력하여 카롤린을 물리치고 섬을 구하기 위한 모험을 시작합니다. 그들은 위험천만한 숲, 마법의 미로, 화산 등 다양한 장소에서 힘든 시련(⑤ 구체적인 사건을 상상해서 적어 보자.)을 겪으면서 섬의 비밀을 밝히기 위한 단서(⑥ 단서는 무엇일까? 어떻게 찾아냈을까?)를 찾아냅니다.

에릭과 앨리스는 각자의 특별한 능력을 발견하고(⑦ 각자 어떤 능력을 갖고 있을까? 어떻게 발견하게 되었을까?), 마법사와의 대결에서 용감하게 싸움에 나서며 섬을 구하는 데 성공합니다.(⑧ 카롤린과의 대결에서 어떻게 이길 수 있었을까?)

하지만 그들이 마침내 섬을 탈출하는 순간, 에릭은 깨달음을 얻습니다. 섬의 비밀은 자신의 내면에서 찾을 수 있다는 것을.(⑨ 무슨 의미일지 생각해 보고 쉬운 말로 적어 보자.)

3 어둠의 그림자

1학년 2반 장원준

기획 의도

〈어둠의 그림자〉는 자신의 내면과 죄악에 맞서는 용기와 희생의 의미를 탐구하는 공포 영화입니다. 이 영화는 그림자의 비유적인 존재를 통해 우리의 내면의 어둠과 맞서 싸우는 용기와 희생의 의미를 담고 있습니다.

줄거리

한 작은 도시, 블랙스톤은 오래된 전설에 둘러싸여 있습니다. 그곳에 사는 사람들은 밤에 그림자가 살아난다고 믿어 왔습니다. 그림자는 사람들의 미련과 과거의 죄를 쫓아가고, 그들을 고통에 빠뜨리며 이 세상을 지배하려는 악한 힘으로 알려져 있습니다.

어느 날, 앨리스는 자신의 어머니가 그림자에게 사로잡혀 사라지는 사건(① 구체적인 장면을 상상해서 묘사해 보자.)을 목격합니다. 앨리스 (① 절망적으로) "어머니! 어머니! 이게 무슨 일이에요?"

앨리스는 자신의 어머니를 구하기 위해 그림자의 비밀을 알아내기로 결심합니다. 그리고 앨리스는 도시의 곳곳에서 유령처럼 희미한 기억(② 어떤 기억?)을 가지고 있는 사람들과 만나게 됩니다. 앨리스 (② 궁금한 마음으로) "저도 그림자를 본 적이 있는데요. 이게 무슨 의미일까요?"

앨리스와 그녀의 동료들(③ 누구이고 어떤 이유로 동료가 되었나?)은 도시의 비밀스러운 곳(④ 어디?)으로 들어가 그림자의 진실을 밝혀내려고 합니다. 그들은 어둠과 절망의 미로와 마주하게 되며, 그림자가 자신들의 내면에서 나오는 것임을 깨닫게 됩니다. 루나 "우리가 과거의 죄와 미련을 어떻게 처리해야 해? 그림자는 우리의 내면에 있는 어둠을 투영하는 거 아니야?"(⑤ 무슨 의미인지 생각해 보고 쉬운 말로 바꿔서 적어 보자.)

그들은 그림자와의 접촉을 통해 자신들이 감추고 있는 과거의 죄와 어둠에 맞서야 합니다. 앨리스 (결연한 목소리로) "우리는 자신의 과거와 싸우면서도 용기와 결의를 가져야 해. 그림자와의 최종 대결을 향해 나아가야 한다고!" 이나 "하지만 그 그림자는 우리를 조종하려고 하는 것 같아.(⑥ 어떻게?) 우리는 그것의 힘에 지배되지 않도록 해야 해."

하지만 그림자는 앨리스와 그녀의 동료들을 조종하고 희생자로 만들기 위해 존재합니다. 셰일리 "우리는 그림자의 함정에 빠지지 않도록 조심해야 해요. 그것의 유혹에 넘어가지 말고 우리의 목표에 집중해야 해요!" (⑦ 앨리스와 동료들이 그림자에 의해 위험에 빠졌지만 극복해 내는 사건을 써 보자.)

앨리스는 자신의 과거와 투쟁하면서도 용기와 결의를 갖추고 그림자와의 최종 대결을 향해 나아갑니다. 앨리스 "우리가 이기면, 우리의 어머니와 같은 희생자들이 구해질 거야. 우리는 그림자에 맞설 수 있어!"

그들이 그림자의 군주(⑧ 어떤 모습일까?)를 물리칠 수 있을까요? 아니면 그림자의 힘에 지배되어 영원한 어둠 속에 빠질까요? 그들의 용기와 희생이 어둠을 밝히고 도시에 희망을 가져다줄 수 있을까요? (⑨ 결말을 써 보자. 어머니를 포함해서 그림자에게 잡혀간 사람들은 어떻게 되었을까?)

4 실버블레이드 영혼의 전설

소개

〈실버블레이드 영혼의 전설〉은 고대의 마법과 환상적인 판타지 세계를 배경으로 한 액션 영화입니다. 이 영화는 두 세계 사이에서 매서운 전투를 벌이는 용감한 영웅 '라이언'의 모험을 다룹니다.

배경 설정

이야기는 마법과 기술이 공존하는 세계에서 펼쳐집니다. 세계는 인간, 요정, 용족(① 묘사) 등 다양한 종족들이 존재하며, 영혼의 힘을 지닌 특별한 무기인 '실버블레이드'(② 묘사)로 악의 힘과 싸워 이 세계를 지키고 있습니다. 그러나 최근 악의 군주 '말루스'(③ 묘사)가 부활하여 세계를 지배하려는 계획을 세우고 있습니다.

주인공

주인공인 '라이언'(④ 묘사)은 영웅적인 용사로서 실버블레이드를 휘둘러 악의 힘과 싸우는 임무를 수행합니다. 그는 용맹하고 뛰어난 검술과 마법 능력(⑤ 어떤?)을 지니고 있으며, 정의와 용기를 가진 강력한 전사입니다.

쟁점 설정

이야기의 시작은 라이언이 말루스의 부활과 세계 정복의 계획을 알게 되는 것(⑥ 어떻게?)으로 시작됩니다. 라이언은 실버블레이드의 비밀과 자신의 운명을 알기 위해 모험을 떠나며, 말루스를 막기 위해 힘을 모아야 합니다.

동료 등장

라이언은 여정 도중 다양한 동료들을 만나게 됩니다. 그중 하나는 마법과 예지력을 지닌 요정 '엘라'(⑦ 묘사)입니다. 엘라는 실버블레이드의 비밀(⑧ 어떤?)을 알고 있으며, 그녀의 도움과 마법력(⑧ 어떤?)을 통해 라이언은 더욱 강력해질 수 있습니다. 또한, 용감한 용족 전사 '드레이크'(⑨ 묘사, 능력)와 신비로운 마법사 '릴리스'(⑩ 묘사)와 같은 강력한 동료들도 함께 결집하게 됩니다.

악의 힘의 성장

라이언과 동료들은 여정을 통해 말루스의 군대가 세계를 향해 진격하고 있는 것을 알게 됩니다. 말루스는 악의 마법과 그의 신하(⑪ 어떤?)들을 이용하여 세계를 지배하고 모든 종족을 노예로 만들려는 야욕을 품고 있습니다. 이들은 말루스의 세력을 약화시키고 그의 계획을 막기 위해 전투와 고난을 극복해야 합니다.(⑫ 어떻게?)

최후의 전투와 결말

여정의 끝에 라이언과 동료들은 말루스와의 최후의 전투를 벌입니다. 라이언은 실버블레이드의 힘과 동료들의 지원을 받아 말루스와 맞서 싸웁니다. 치열한 전투(⑬ 묘사) 속에서 라이언은 자신의 용기와 힘을 발휘하여(⑭ 어떻게?) 말루스를 물리치고 세계를 구하는 데 성공합니다.

5 환상의 섬

1학년 4반 이도현

기획 의도

〈환상의 섬〉은 독특한 시각과 상상력을 가진 전문 영화감독의 작품으로, 관객들에게 예측 불가하고 놀라운 경험을 선사합니다. 이 영화는 현실과 환상의 경계를 모호하게 만들어 현실적인 이야기와 판타지적인 요소를 합친 작품으로, 시청자들에게 다양한 감정과 생각을 일깨우고, 영화 속 섬의 신비로운 세계에 대한 상상력을 자극합니다.

줄거리

주인공인 정은이(① 영화와 어울리는 이름으로 변경)는 섬으로 향하는 배에 탑승하고 있던 중 강한 폭풍우로 인해 배가 전복되어 섬의 유일한 생존자로 남게 됩니다. 그런데 섬은 일반적인 섬과는 매우 다른 곳이었습니다. 이 섬은 현실과 환상의 경계가 모호한 곳으로, 신비로운 생명체와 마법 같은 현상(② 어떤 생명체와 어떤 현상들일까?)들이 존재하는 곳이었습니다.

김정은은 섬에서 다른 생존자들과(③ 누구일까?) 마주치며 이곳이 어떤 곳인지 알아가게 됩니다. 그들은 각자의 이야기와 비밀을(④ 왜 이 섬에 오게 되었고 각자의 비밀은 무엇일까?) 지니고 있으며, 제이크는 섬에서 벌어지는 이상한 사건들과 그들의 이야기들을 탐구하기 시작합니다.

정은이는 섬의 깊은 곳으로 진입하면서 더욱 환상적인 사실들을 발견하게 됩니다. 섬은 시간과 공간이 뒤섞인 공간(⑤ 어떠한 모습일까?)이었고, 섬에 사는 생명체들은 사람들의 꿈과 희망, 두려움과 고통을 형상화한 존재(⑥ 어떤 모습일까?)였습니다. 이들의 힘은 섬 전체에 영향을 미치며(⑦ 무슨 의미일까?) 제이크는 그들과 깊은 연결을 맺게 됩니다.

이제 김정은은 섬의 비밀을 해결하기 위해 모험을 떠나게 됩니다. 그리고 그의 모험을 통해 섬의 신비한 세계와 그 안에서 벌어지는 충돌과 갈등(⑧ 어떤 이야기일지 상상해 보자.), 그리고 사랑과 용기의 이야기가(⑨ 어떤 이야기일지 상상해 보자.) 전개됩니다. 환상과 현실의 경계를 넘나드는 이 작은 섬에서 벌어지는 이 모험은 김정은의 삶을 완전히 변화시키고 섬 전체를 뒤흔들게 됩니다.

한반도의 인도자

1학년 4반 유민선

기획 의도

〈한반도의 인도자〉는 한반도의 양쪽을 오가며 복잡한 정치 사건과 인간적인 감정들을 그려 내는 드라마적인 요소와 함께 스릴러적인 전개를 통해 관객을 끌어들이는 영화입니다. 이 작품은 북한의 현실과 분단의 고통을 통해 통일과 평화에 대한 깊은 메시지를 전달합니다.

줄거리

주인공은 한국의 탐정이자 북한의 내부 정보를 가진 첩보원인 서준(① 어떤 모습일까?)입니다. 그는 북한에서 도망치고 남한으로 돌아온 후, 조직(② 어떤?)의 도움으로 새로운 정체성을 취하고 대한민국 경찰에 합류합니다.

서준은 북한 내부에서 이루어지는 비밀적인 활동과 계획들(③ 무엇일까?)을 밝히기 위해 위험천만한 임무를 부여받습니다. 그의 임무는 북한에서 활동 중인 비밀 조직의 정체를 파악하고(④ 무엇일까?) 그들의 국가적인 위협을 가질 수 있는 사건(⑤ 어떤 사건일까?)을 막는 것입니다.

서준은 북한의 내부 인물들과의 접촉과 정보 수집을 위해 몰래 북한으로 들어가야 합니다. 그리고 그의 여정은 위험과 도전으로 가득한 벼랑 끝으로 이어집니다.

서준은 북한 내부에서 절망과 배신, 희생과 용기(⑥ 서준이 북한에서 임무를 수행하며 겪는 절망, 배신, 희생, 용기에 해당하는 이야기를 상상해 보자. 그 과정에서 누구와 만나는지도)를 마주하게 됩니다. 그는 인간적인 이야기와 북한의 현실을 다루면서, 자유와 희망의 중요성에 대해 진지하게 고찰합니다.

(⑦ 통일과 평화에 대한 메시지를 넣어서 결말을 완성해 보자.)

타임 트래블러의 모험

1학년 4반 정호준

기획 의도

〈타임 트래블러의 모험〉은 시간 여행의 미스터리와 역사의 재해석을 통해 관객들에게 독특하고 스릴 넘치는 모험을 선사한다. 각 에피소드마다 다른 시대와 장소에서 벌어지는 스릴 넘치는 액션 장면과 흥미로운 퍼즐 조각을 맞추는 과정이 전개된다. 하지만 그들이 마주하는 가장 큰 위험은 자신들이 시간의 흐름에 개입하면서 발생하는 파동이다. 과거의 결정이 미래를 어떻게 바꿀 수 있는지를 목격하면서, 팀은 자신들의 행동이 파란만장한 시간의 흐름을 어떻게 변화시킬지 고민하게 된다.

줄거리

2045년, 세상은 과학과 기술의 발전으로 상상조차 못 한 변화를 겪고 있다. 그 중에서도 가장 혁신적인 발명품인 '타임 포털'은 시간을 여행할 수 있는 기술로 세계를 놀라게 한다. 이 시대의 젊은 천재 과학자 라이언 스미스는 이 기술의 활용 가능성을 최대한으로 극대화하고자 한다.

라이언은 시간 여행을 통해 역사적인 사건을 탐험하며 동시에 사람들의 삶을 개선하는 방법(① 어떻게?)을 찾아내고자 한다. 그의 팀에는 영리한 역사학자 에밀리, 용감한 전투 전문가 제이크, 그리고 산뜻한 엔지니어 사라가 함께한다.

이들은 '타임 트래블러스'라 불리는 특수 부대로 구성되어 역사 속의 다양한 시기로 여행한다. 그들은 지금까지 알려지지 않은 비밀스러운 사건(② 어떤?)을 밝혀내고, 과거의 결정이 미래에 미치는 영향(② 어떤?)을 조사한다. 또한, 악용되는 것을 막기 위해 과거의 위기 상황을 예방하고, 세상을 구하기 위한 미래의 위협을 찾아내는 임무(③ 어떤?)를 맡는다.

하지만, 과거와 현재를 오가며 시간 여행하는 것은 위험한 일이다. 그들은 역사적인 인물과 맞닥뜨리고, 탐험 중 예기치 않은 상황에 직면한다.(④ 누구를 만나고 어떤 상황에 빠질까?) 또한, 시간이 변경될 때마다 현재의 세계에 영향을 미칠 수 있다는 사실을 깨닫는다.(⑤ 예를 들어 보자.) 그들은 역사와 미래의 상호 연결성을 탐구하면서 동시에 자신들의 존재가 미래를 어떻게 바꿀 수 있는지에 대한 물음에 직면하게 된다.

(⑥ 그래서 결말은 어떻게 될까?)

8 어둠의 저주 살인의 유산

1학년 4반 윤호진

기획 의도

〈어둠의 저주 살인의 유산〉은 끔찍하고 무서운 사건이 계속해서 일어나는 곳에서 벌어지는 공포 영화입니다.

줄거리

한 도시에 위치한 오래된 저택, '헤일 하우스'(① 묘사)는 오래전에 일어난 잔인한 살인 사건(② 어떤?)의 장소로 알려져 있습니다. 이 저택은 그 이후로 누구도 들어갈 수 없는 유령의 둥지로 여겨져 왔습니다. 그러나 어느 날, 한 그룹의 용감한 청춘(③ 누가? 왜?)들이 헤일 하우스에 대한 호기심을 가지고 이곳을 조사하러 들어갑니다.

그들은 알 수 없는 힘의 영향을 받으면서 헤일 하우스에서 무서운 사건들이 일어나는 것을 목격하게 됩니다. 살아 있는 것 같은 유령들과 저주받은 존재들이 (④ 어떤 모습일까?) 그들을 사냥하며 무차별적으로 살인을 저지르는 것을 발견하면서, 그들은 헤일 하우스에서 살아남기 위해 필사적인 사투를 벌이게 됩니다. (⑤ 누가 죽고 누가 살까?)

주인공들은 잔인한 살인자의 정체와 헤일 하우스에 숨겨진 비밀을 파헤치기 위해 끝없는 공포의 미로에 빠져들게 됩니다. 그들은 살인의 유산과 어둠의 저주에 맞서 싸우며, 자신들의 목숨을 위협하는 공포로 가득한 헤일 하우스의 비밀을 해체하기 위해 최후의 순간까지 싸워야 합니다.

(⑥ 그래서 결말은? 잔인한 살인자의 정체와 헤일 하우스에 숨겨진 비밀은 무엇일까?)

9 유령의 유혹

1학년 7반 안유준

1장 '어둠의 유혹'

사라는 블랙우드로 찾아온 젊은 감독입니다. 그녀는 유명한 영화제에 출품하기 위해 블랙우드에서 새로운 공포 영화를 찍기로 결심합니다. 이 작은 마을은 유명한 죽은 자들의 영혼에 대한 이야기로 유명하며(① 어떤?), 사라는 이 이야기를 바탕으로 섬세하고 무서운 영화를 만들기로 마음먹습니다.

2장 '저주받은 유령의 유혹'

사라가 블랙우드에 도착하자마자, 주민들은 저주받은 유령들의 존재와 그들이 일으키는 비참한 사건에 대해 경고(② 무슨 말일까?)합니다. 그러나 사라는 유령들에게 이끌리는 듯한 끌림을 느끼며 그들과 마주하게 됩니다. 유령들은 사라에게 공포와 저주의 힘을 부여하며(③ 어떤?), 그녀는 이를 이용하여 진정한 공포를 담은 영화를 찍기로 결심합니다.

3장 '어둠과의 속삭임'

사라는 점점 더 깊은 어둠으로 들어가며 유령들과의 관계가 더욱 깊어집니다.(④ 구체적인 사례를 말해 보자.) 그녀는 유령들로부터 어둠의 속삭임을 듣게 되며, 그들의 이야기와 비밀을 통해 공포 영화에 필요한 영감을 얻습니다. 사라는 어둠과 공포(⑤ 어떤 내용일까?)를 자신의 작품에 담아내기 위해 모든 것을 걸기로 결심합니다.

 사라는 유령들의 유혹에 빠져들지만(⑥ 어떤?), 그들로부터 공포 요소를 얻어
온 영화는 성공을 거두게 됩니다(⑥ 왜?). 그녀의 작품은 관객들에게 진정한 공
포를 선사합니다.

 (⑦ 그래서 사라는 어떻게 되나?)

안녕, 즐거웠어

Midjourney 대한민국, 14세 소년, 행복하고 즐거운 눈빛과 표정, in black and white, 일본식 미니멀리즘, 반갑고 즐거운 표정과 분위기, 친구 같은, 아동 도서 삽화, 느슨한 선 작업, 둥글게, 흰색과 검은색, A 컬러 사진